HYMNE A' DIEU,

COMPOSÉ

par le poète russe DERJAVINE,

TRADUIT EN VERS FRANÇAIS

PAR

F. G. EICHHOFF.

1.

O toi dont l'existence absolue, immuable,
De vie et de splendeur remplit l'immensité;
Unique en ton essence et trois fois adorable,
Seul traversant les temps en ton éternité,
Être pur, être saint! qui, toujours invisible,
Manifestes partout ta force irrésistible,
Que ne borne aucun jour, que ne fixe aucun lieu;
Dont l'ineffable amour embrasse la nature,
La guide, la soutient, l'embellit et l'épure;
Auteur de l'univers, toi que nous nommons Dieu!

2.

Quand mon esprit pourrait, par un effort sublime,
Compter les feux du ciel, les sables des déserts,
Et, plongeant dans les flots de l'orageux abîme,
Mesurer d'un regard la profondeur des mers;
En toi, Seigneur, en toi, ni nombre ni distance!
Les chœurs des séraphins, issus de ton essence,
Devant ta majesté s'arrêtent confondus;
Et, si jusque vers toi s'élève une pensée,
Sous tes vives clartés elle tombe éclipsée,
Comme au milieu d'un siècle un instant qui n'est plus!

3.

A l'aurore des temps, ta volonté suprême
Du vide sans limite a tiré le chaos;
Mais, avant sa naissance, immuable en toi-même,
L'éternité marquait ton auguste repos,
Toi seul de l'existence es la source première;
Lumière sans déclin d'où jaillit la lumière,
Des âges infinis tu poursuivais le cours :
Tu parlas, et soudain le monde, ton ouvrage,
En traits étincelants réfléchit ton image;
Seul tu vis, tu vécus, et tu vivras toujours !

4.

De la création, que ton souffle pénètre,
Tous les cercles unis se résument en toi;
Ce qui semble périr s'éclipse pour renaître,
Et la vie à la mort s'enchaîne par ta loi.
Dans les champs de l'éther, fécondes étincelles,
Jaillissent par essaims les étoiles nouvelles,
D'innombrables soleils s'élèvent sous tes pas;
Tel qu'aux brises du nord, sur nos plaines neigeuses,
Le givre, s'épanchant en perles lumineuses,
Tourbillonne et scintille au milieu des frimas.

5.

Aussi loin que s'étend ta puissance infinie,
Ces millions de feux proclament tes décrets;
Dans l'immense domaine où s'agite la vie
Sur des êtres sans nombre ils versent tes bienfaits.
Mais, au sommet des cieux, ces lampes rayonnantes,
Ces sphères de cristal aux couleurs scintillantes,
Ces globes d'or flottant sur des vagues d'azur,
Ces gloires sillonnant les plaines éthérées,
A ta gloire suprême un instant comparées,
Seraient ce qu'est la nuit à l'éclat d'un jour pur.

6.

Comme une goutte d'eau dans l'Océan perdue,
L'univers tout entier s'efface à ta splendeur;

Mais jusqu'où mes regards sondent-ils l'étendue,
Et que suis-je moi-même auprès de toi, Seigneur?
Si, peuplant à mon gré ces cavités profondes,
Par delà tous les cieux, par delà tous les mondes,
Je semais de soleils le gouffre aérien,
Leur foule, accumulée en ta sainte présence,
Que serait-elle? Un point dans une orbite immense;
Et moi, vaine poussière, hélas, je ne suis rien!

7.

Rien!... Mais toujours propice, à bénir disposée,
Ta grâce me relève en m'attirant vers toi;
Comme l'astre du jour colore la rosée,
Tes divines clartés se reflètent en moi.
Rien!... Mais mon cœur s'émeut d'amour et d'allégresse;
Aux célestes hauteurs, où j'aspire sans cesse,
Un vol irrésistible entraîne mes esprits;
Ma grandeur apparaît au sein de ma misère;
Je pense, je conçois, je médite, j'espère;
Vivant, je trouve en moi la preuve que tu vis!

8.

Tu vis! ton existence en tous lieux se déploie,
L'univers la publie et mon cœur la ressent;
La voix de ma raison la signale avec joie.
Tu vis! et ce mot seul m'affranchit du néant.
Atome de ce monde émané de ta grâce,
Dans la chaîne infinie elle a marqué l'espace
Où, couronné d'honneur, je siége sans rival;
Seul, au plus haut degré des formes corporelles,
Non loin des séraphins aux flammes immortelles,
De tant d'êtres divers je suis l'anneau central.

9.

Emblême merveilleux de la nature entière,
Soumis par tous mes sens à la fragilité,
Je porte, en cet esprit qui dompte la matière,
Un céleste rayon de ta divinité.
Mon corps usé s'affaisse et se réduit en poudre;
Ma pensée, en son vol plus prompte que la foudre,

Atteint les profondeurs où nul astre ne luit
Esclave, je suis roi; ver impur, je suis ange!
D'où me vient ce contraste inexplicable, étrange,
Cet indicible accord que je n'ai pas produit?

10.

C'est toi, Dieu tout-puissant, c'est toi qui l'as fait naître,
Source de l'espérance, arbitre du bonheur;
De ce vaste univers seul sauveur et seul maître,
Toi, souffle de mon âme, et flambeau de mon cœur!
Ta sage providence a voulu que cette âme,
Avant de s'élever sur ses ailes de flamme,
Traversât ici-bas l'abîme de la mort;
Et, qu'ainsi, par l'épreuve au bonheur préparée,
Elle pût s'élancer, libre, régénérée,
Vers l'éternel séjour où tu fixas mon sort.

11.

O prodige d'amour, ineffable mystère!
Des souillures du vice affranchissant nos cœurs,
Ta grâce révélée a paru sur la terre,
Et ta vertu parfaite a subi nos douleurs.
Victime expiatoire, elle a sauvé le monde;
Elle a fait rayonner sa lumière féconde
Dans la nuit du péché, dans l'horreur des tombeaux;
Et mon âme, attentive à sa sainte parole,
S'attache triomphante au Dieu qui la console,
Lorsque la mort m'appelle à des destins nouveaux.

12.

Roi des rois, saint des saints, ta bonté, ta sagesse,
En traits mystérieux brillent de toutes parts;
Devant toi ma raison succombe à sa faiblesse,
L'ombre de ta grandeur éblouit mes regards.
Cependant, si t'aimer est mon plus doux partage,
Si mon premier devoir est de te rendre hommage,
Que puis-je, hélas, si faible, en proie à tant d'erreurs?
J'humilie, ô grand Dieu, mon âme en ta présence,
Et, perdus dans l'éclat de ta magnificence,
Mes yeux reconnaissants sont inondés de pleurs?

Lyon. — Imp. de F. Dumoulin, rue Centrale 20.

SOCIÉTÉ DE GÉOGRAPHIE DE LILLE

LA
DISTRIBUTION GÉOGRAPHIQUE
DES LANGUES

CONFÉRENCE FAITE LE 12 MARS 1882,

Par M. Victor HENRY,

Licencié ès-lettres, docteur en droit,
Membre de la Société des Sciences de Lille, et de la Société de Linguistique de Paris.

LILLE,
IMPRIMERIE L. DANEL.
1882.

LA

DISTRIBUTION GÉOGRAPHIQUE DES LANGUES

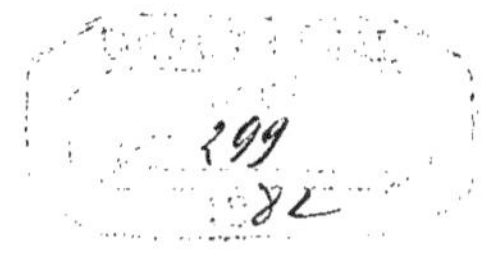

Conférence faite le 12 mars 1882.

Par M. Victor HENRY.

Après avoir remercié la Société de Géographie de l'honneur qu'elle lui faisait, et sollicité l'indulgence de son auditoire, M. Henry a abordé son sujet en ces termes :

« Mon intention ne saurait être, vous le comprenez, de vous entretenir du langage humain en lui-même, de vous dire comment les langues prennent naissance, croissent, se perfectionnent et dépérissent dans le cours des siècles. Pareil sujet prêterait sans doute à de féconds développements, moins arides d'ailleurs, disons-le en passant, qu'on ne se plaît généralement à le croire. Mais je ne dois pas oublier le patronage sous lequel je me présente devant vous : c'est de géographie que je suis invité à vous parler. Je vais donc étudier rapidement la distribution géographique des langues, non point celle des trois ou quatre mille idiomes répandus à la surface du globe, mais des grandes familles linguistiques sous lesquelles se rangent les principaux d'entre eux.

» Trois ou quatre mille, ai-je dit. Ce chiffre n'est point exagéré, et même il ne comprend pas les sous-dialectes et les patois. Jadis il était plus élevé encore ; mais beaucoup de langues ont disparu, étouffées par la concurrence des autres. C'est dire que les langues ont, comme les nations qui les parlent, des fortunes diverses. On en voit qui, parlées par une tribu de quelques milliers d'individus, restreintes à quelques lieues carrées de terrain, s'éteignent peu à peu et ne laissent pas même un souvenir, comme cette langue des Atures, dont parle Humboldt dans ses merveilleux écrits, langue oubliée et mystérieuse dont survivait seulement une dizaine de mots dans la mémoire d'un perroquet centenaire. On en voit d'autres, au contraire, qui, portées au loin par la conquête, l'émigration ou le commerce, gagnent de proche en proche, et couvrent de leurs rejetons des continents entiers, comme ces langues indo-européennes, qui, parties du centre de l'Asie, ont successivement envahi l'Asie occidentale, l'Europe et l'Amérique tout entière.

» J'ai nommé la famille de langues la plus répandue, celle qui, par ses principaux représentants, le français, l'anglais, l'allemand, le russe, l'espagnol, marche à la tête de la civilisation dans les deux mondes. Combien furent modestes les débuts d'une race appelée à de si hautes destinées ! Nos premiers pères, les Aryas, habitaient le grand renflement central-asiatique, qu'aujourd'hui encore on nomme le Toit du Monde, ce vaste plateau de Pâmir, d'où s'écoulent dans des directions différentes quatre fleuves, et qui semble avoir abrité dans ses flancs le berceau de plusieurs races. Ils y vivaient de la vie pastorale, qui a laissé sa trace dans les plus anciens éléments de leur vocabulaire. Ils faisaient du feu en frottant vivement un bâtonnet au point d'intersection de deux bâtons disposés en forme de croix, instrument qui subsiste encore, comme signe mystique ou magique dans la vieille religion des Brames. Enfin, leurs appellations de famille ont révélé à Pictet leurs occupations habituelles : il est probable que leur mot « frère », *bhrâtar*, encore bien reconnaissable dans l'anglais *brother*, et l'allemand *bruder*, signifiait « celui qui soutient », mieux encore peut-être « celui qui porte les fardeaux » ; il est certain que le mot « fille » *dughitar*, qui revit, par exemple, dans l'anglais *daughter* et l'allemand *tochter*, a signifié d'abord « celle qui trait les vaches. » Ainsi nous apparaît, dans la primitive famille âryenne, une division du travail conforme au vœu de la nature, bien différente de la coutume des peuplades les plus sauvages de notre époque, qui condamnent l'être faible et délicat à la plus lourde tâche.

« Du plateau de Pâmir, les Aryas se sont lentement répandus sur les plaines avoisinantes : au sud, ils ont gagné l'Inde, à l'ouest, l'Eran, et de là, l'Europe, par divers chemins, par la trouée de l'Oural, par les défilés du Caucase, par les bras de mer dont le nom rappelle le mythique enlèvement d'Europe. Des bords du Gange à ceux de la mer d'Irlande, et par delà, c'est leur langue qui se parle, si différents que semblent les dialectes qui en sont issus. »

Le conférencier a ensuite passé en revue les divers groupes de la famille âryenne : le groupe indien, représenté dans l'antiquité par le sanskrit, langue sacrée du brahmanisme, et aujourd'hui par les principaux idiomes de l'Indoustan ; le groupe éranien, où l'on distingue le zend, presque aussi pur que le sanskrit, et le vieux-perse, dont quelques mots à peine nous ont été conservés dans des inscriptions en caractères cunéiformes qui ne présentent à la lecture que peu de difficulté, puis, de nos jours, trois dialectes principaux, l'afghan à l'est, le persan au centre, et l'arménien à l'ouest, les deux premiers très déformés par l'intrusion de mots arabes et turcs et par l'emploi de l'écriture arabe ; le groupe hellénique, qui a produit en grec ancien, les plus purs chefs-d'œuvre du génie humain, et qui survit, sensiblement corrompu, dans le grec moderne : le groupe italique, où brille au premier rang, le latin......

« Le latin, langue d'administrateurs plus que de poètes et de philosophes pratiques plus que d'idéalistes, a conquis le tiers de l'Europe à la faveur de la supériorité guerrière et politique de la race qui le parlait. De tous les idiomes qui en sont issus, celui qui s'en rapproche le plus est l'italien : l'italien aux finales mélodieuses, langue de la musique, dit-on parfois. Sans m'inscrire en faux contre ce jugement, je ne puis me défendre de me rappeler l'impression que raconte avoir ressentie M. Gounod à la première représentation de son admirable opéra de *Faust* sur une grande scène italienne, quand le ténor eut chanté les premières notes de l'air qui vibre dans toutes les mémoires, *Salut, demeure chaste et pure*. Le librettiste italien avait purement et simplement traduit les paroles françaises : *dimora casta e pura*. Eh bien, ces voyelles sonores, éclatant comme un coup de clairon sur la mélodie discrète et voilée qui les accompagnait, faisaient un étrange contraste, soit avec cette mélodie elle-même, soit avec cette humble demeure de Marguerite que le poète et le musicien avaient voulu peindre. C'était une sorte de dissonance. Les sons sourds et comme étouffés des paroles françaises se marient bien mieux avec cet air tendre et rêveur et les sentiments qu'il exprime. La conclusion à tirer de ceci, c'est peut-être qu'il n'y a point, à proprement parler, de langue de la musique, et qu'il faut entendre chaque mélodie dans la langue même sur laquelle elle a été composée.

« L'espagnol, plus sonore que l'italien, plus mâle et plus expressif, possède une gutturale profonde, qui ne revient pas assez souvent pour donner de la dureté au langage, mais qui, par l'effort de prononciation qu'elle exige, lui imprime une allure majestueuse et grave, chère à la fierté castillane. C'est bien la noble langue qu'on parlerait à Dieu. Le portugais, bien moins beau avec ses finales assourdies et nasonnantes, confine de plus près au provençal, ce français du Midi, qui, simple patois aujourd'hui, ou peu s'en faut, eut son heure de grandeur et d'éclat. Ce fut la langue de la moitié de la France au moyen âge, et de la moitié la plus brillante, la plus riche, la plus avancée en civilisation, celle qui la première eut des savants, des artistes et des poètes. Tout cela disparut dans les flots de sang de la croisade albigeoise ; et, malgré les efforts des félibres, qui cherchent à reprendre la tradition des troubadours, la langue d'oc se meurt, remplacée déjà dans toutes les villes par la langue du Nord, le français, qui lui est bien inférieur pour la mélodie, le rhythme, le coloris de l'expression, mais qui l'emporte en clarté, en précision sur toutes les langues du monde.

« La clarté, la précision, ce sont là, en effet, les qualités dominantes et bien connues du français, celles qui lui ont valu son étonnante expansion. Aujourd'hui encore, le français s'étend bien au-delà de son domaine propre, qui est la France, la moitié de la Belgique, une faible partie de la Suisse et ce coin de terre que nos voisins nomment la Lorraine allemande. Jadis il était plus répandu : il fut un temps où quiconque savait deux langues savait la sienne et le français. L'anglais par le commerce, l'allemand par l'émigration, font de nos jours plus de progrès. Le français n'en restera pas moins, longtemps encore, la langue littéraire et cultivée du monde. Et c'est justice. A ceux qui ne le connaissent que superficiellement, son extrême clarté peut sembler banale, et aride son élégante sobriété. Mais celui qui a médité les modèles du grand siècle sait ce que recouvre de variété cette sécheresse apparente, ce qu'il y a de charme dans cette phrase simple et sévère, qui, pareille à un vêtement ni trop flottant ni trop juste, drape la pensée sans jamais en altérer la forme.

« A l'extrême orient de l'Europe, nous trouvons encore une langue issue du latin, le roumain, apporté sur les bords du Danube par les légions colonisatrices de Trajan, qui a conservé intacte l'originalité de sa grammaire, au milieu des éléments slaves dont il est partout environné.

« Après le groupe italique se présente à nous le groupe celtique, qui en est le plus proche parent, mais qui n'a plus nulle part de représentant important. Fils des Celtes, nous parlons latin, et la langue de nos glorieux ancêtres, les soldats de Vercingétorix, est pour nous lettre close. Seuls, quelques patois informes la continuent jusqu'à notre temps : le plus dégradé, le bas-breton, achève de mourir dans les campagnes du Finistère, du Morbihan et des Côtes-du-Nord ; le gallois, l'ersc, le gaélique des Iles Britanniques disparaissent aussi devant la redoutable concurrence de l'anglais. Le celte offre même l'exemple étrange d'une langue morte, si je puis ainsi dire, dans le présent et dans le passé : nous n'en possédons aucun monument écrit qui remonte au-delà du VIIe siècle de notre ère, sauf de rares inscriptions, dont le sens, le plus souvent, se dérobe à nos recherches. Et pourtant, est-il une étude plus intéressante que celle de cet idiome perdu, qui se lie si intimement à tout notre passé ?

« Le centre de l'Europe, les Iles Britanniques et la Scandinavie appartiennent au groupe germanique ; l'Europe du Nord et de l'Est, au groupe slave, dont la langue russe est le seul type largement répandu..... »

Ici ont pris place quelques détails sur les langues germaniques, réparties en trois subdivisions : scandinave, c'est-à-dire islandais, norwégien, danois et suédois; bas-allemand, comprenant l'anglais, devenu la langue commerciale du monde entier, le hollandais, le flamand et le patois plat-allemand du littoral baltique ; haut-allemand enfin, ou allemand littéraire, parlé, avec quelques variations dialectales, par 80 millions d'individus, tant en Allemagne que dans la plus grande partie de la Suisse et la moitié occidentale de l'Autriche-Hongrie. Le groupe slave, divisé en Slaves du Nord (Russes, Ruthènes, Polonais) et Slaves du Sud (Serbes, Croates, Bosniaques, Bulgares) a clos l'exposé de la famille indo-européenne.

« ... Il est temps d'aborder d'autres domaines. Après les descendants des Aryas, ce sont les Sémites, Phéniciens, Hébreux, Assyriens, Arabes, qui ont joué le plus grand rôle dans l'histoire de l'humanité.

« Aussi loin qu'il nous est donné de remonter dans les annales du monde, nous rencontrons les Phéniciens, rois de l'industrie et du commerce. Ils ont exploré toutes les côtes de la Méditerranée, exploité les mines d'or et d'argent de l'Espagne, et semé sur leur passage des colonies florissantes, dont la plus riche vécut assez longtemps pour se mesurer avec Rome. Mais, colportant les idées en même temps que les marchandises, ces Anglais d'il y a cinquante siècles se sont acquis des titres plus sérieux encore à notre reconnaissance. On leur a longtemps attribué l'invention de l'alphabet, C'était une erreur, l'alphabet est d'origine égyptienne ; mais il serait demeuré peut-être à jamais confiné dans les secrets de la jalouse Égypte, si les Phéniciens n'en avaient propagé la connaissance. C'est donc bien à ce petit peuple anéanti, dont la langue même n'est point parvenue jusqu'à nous, que nous devons les progrès en tous genres que nous a valus la possession de ces merveilleux instruments.

« Voisins des Phéniciens et leurs éternels ennemis, les Hébreux nous sont connus par leurs propres annales. Nous remontons dans le plus lointain passé de la famille d'Israël ; nous la suivons depuis la période patriarcale ou pastorale, où elle mène la vie nomade des Arabes du Nedjed, jusqu'à l'époque où elle se fixe sur les bords du Cédron, s'organise en État, bâtit un temple et demande des rois. Dans son histoire déroulée siècle à siècle, nous retrouvons les phases de la nôtre : toutes les épreuves par lesquelles nous avons passé, elle les avait subies bien avant nous; bien avant nous, elle avait connu les oppressions de la tyrannie et les revanches furieuses de la populace, le fanatisme religieux et le doute philosophique, et elle a consigné tout cela, traditions, enthousiasmes, tristesses, dans des pages sublimes, écrites en une langue qu'on ne parle plus, mais qui n'en demeure pas moins le lien sacré de tous les membres de cette famille dispersée. Il faudrait une voix plus éloquente que la mienne, celle d'un Renan, pour vous dire tout ce que nous devons à cette noble race, qui fut, à sa manière et au même titre que la race grecque, l'éducatrice du genre humain.

« Guerriers et conquérants, les Assyriens ont gravé leurs hauts faits sur la pierre de leurs palais et de leurs temples ; mais les témoins les plus durables de leur civilisation, ce sont les milliers de briques empilées dont se composaient leurs bibliothèques. Chaque brique est une page : littérature à coup sûr peu portative, mais absolument indestructible. Ces livres curieux sont écrits en cunéiformes, caractères qui, vous le savez, se composent d'un nombre plus ou moins grand de traits en forme de clous, et dont je vous parlais tout à l'heure à propos de la Perse. Les Perses ont emprunté cette écriture aux Assyriens, mais en la simplifiant beaucoup. Nulle part cette simplification n'apparaît mieux que dans les inscriptions en trois colonnes des rois perses achéménides: la langue de la première colonne est le perse, qui se lit assez aisément ; la seconde colonne n'est pas encore déchiffrée, et l'on ne saurait dire même à quelle famille appartient l'idiome mystérieux qu'elle contient;

la troisième est en assyrien et n'a livré ses secrets qu'à de patientes investigations. Il s'en faut de beaucoup que l'assyriologie ait été partout aussi heureuse : nombre de textes prêtent à l'équivoque et à la controverse. Dans un des plus célèbres, l'inscription de Borsippa, là même où un interprète du plus grand mérite traduit « et en désordre proférant des paroles incohérentes » et croit voir une allusion à la légende de Babel, un autre, non moins distingué, propose de lire « par suite de la négligence à entretenir les déversoirs des eaux pluviales. »

« Si le phénicien, l'hébreu, l'assyrien, le syriaque sont des langues mortes, quelles sont donc les langues qui continuent jusqu'à nos jours la tradition du sémitisme ? A vrai dire, il n'y en a qu'une, mais elle occupe un territoire d'une étendue considérable : c'est l'arabe, parlé depuis les oasis du désert de Syrie jusqu'à celles du Sahara et aux hauts plateaux d'Abyssinie, l'arabe qui s'est répandu avec l'islamisme à la suite de la prédication de Mahomet, a traversé une brillante période littéraire, profondément pénétré le vocabulaire des peuples même qui ont gardé, en le recevant, leur idiome primitif, Turcs, Persans, Afghans, Malais, et qui enfin, après le morcellement et l'irrémédiable déchéance du grand empire ottoman, demeure la langue religieuse de tout le monde musulman, la langue commerciale des caravanes qui chaque année partent du Caire ou de Zanzibar pour chercher jusqu'au centre de l'Afrique leur cargaison habituelle d'ivoire, d'ébène, d'or et de nègres esclaves : fructueux trafic que menace aujourd'hui la concurrence européenne guidée par les Livingstone et les Stanley. Je n'ai pas besoin d'insister sur l'importance que présente pour nous, Français, l'étude de l'arabe : vous savez tous que la langue arabe est celle de notre belle colonie algérienne, concurremment avec une autre, moins connue et non moins intéressante, qui peut-être appartient à la même famille, mais ne s'y rattache en tous cas que par un lien fort éloigné.

« Avec celle-ci nous entrons, en effet, dans le domaine des langues que, par opposition aux sémitiques, on dénomme khamitiques. domaine aujourd'hui bien restreint, parce que le sémitisme l'a envahi de toutes parts. La famille khamitique, représentée dans l'antiquité par l'égyptien, dont on connaît les curieux hiéroglyphes, la plus ancienne, avec le chinois, des langues civilisées, ne se perpétue de nos jours que par les idiomes dits berbères, dont les plus importants sont le zénaga du Sénégal, étudié par M. le général Faidherbe, le touâreg du Sahara et le kabyle du Djurdjura. Vous savez quelle différence

profonde de race , de mœurs , d'habitudes , de goûts sépare le Kabyle
de l'Arabe , bien qu'il se soit converti à l'islamisme : le Kabyle est
sédentaire, cultivateur, propriétaire d'un coin de terrain qu'il retourne
avec acharnement ; l'Arabe est nomade , pasteur , et communiste, au
moins quant à la possession du sol. C'est dire que les instincts de
l'une des races s'accordent avec nos institutions autant que ceux de
l'autre y répugnent, et que la colonisation française , en Algérie , aura
pour auxiliaire le Kabyle , après l'avoir eu pour ennemi, si elle sait
respecter ses traditions et se plier à ses besoins. Or , pour se pénétrer
de ses traditions et de ses besoins , c'est sa langue qu'il faudrait tout
d'abord étudier à fond — toute l'âme d'un peuple est dans son langage
— et l'on regrette de ne pas la voir enseignée dans les écoles où se
forment nos futurs administrateurs.

« Les langues khamitiques ont pour caractères principaux , comme
les langues sémitiques , quoique à un moindre degré , d'une part , une
grande simplicité de structure grammaticale , mais de l'autre , une
étonnante richesse de vocabulaire et une abondance remarquable de
gutturales profondes , qui en rendent la connaissance pratique et la
prononciation aussi difficiles que l'étude théorique en est relativement
aisée.

« Nous avons , Messieurs , parcouru déjà toute l'Europe , près de la
moitié de l'Asie , et le Nord de l'Afrique. Pourtant en Europe même
il y a quelques territoires que nous avons dû négliger : le plus important
est le grand quadrilatère qui forme le troisième bassin du Danube ,
celui où le grand fleuve coule parallèlement à la Theiss , qui finit par
se joindre à lui , en un mot, la plaine de Hongrie. Là résonne un
langage qui n'a rien de commun avec tous ceux que nous avons
jusqu'à présent énumérés , le hongrois ou magyar , rameau le plus
occidental du grand tronc ouralo-altaïque , le magyar qui , enserré et
pressé de tous côtés par les éléments germaniques ou slaves, se défend
avec vigueur et maintient son originalité. A cette même famille , dont
le nom indique bien l'origine et ramène notre pensée aux plateaux de
l'Asie centrale , premières ruches de l'humanité qui ont largement
essaimé , à la famille ouralo-altaïque , dis-je , bien qu'à une autre
branche de cette souche , appartient encore un idiome européen
important , le turc ottoman de Stamboul, langue officielle de l'empire
dont les sujets, en grande majorité , ne parlent et n'entendent que des
dialectes slaves. Les traits distinctifs du magyar, du turc et de leurs
congénères , sont une grande douceur de prononciation , l'absence

presque complète de gutturales profondes ou d'autres articulations exigeant un effort , un sens exquis de la mélodie du langage , qui fait que les voyelles d'un même mot sont forcées de s'harmoniser entre elles suivant certaines combinaisons parfois assez compliquées , et enfin, en grammaire , une faculté , pour ainsi dire , indéfinie d'agglutination, c'est-à dire la possibilité d'ajouter à une racine monosyllabique un nombre considérable de particules monosyllabiques aussi , soudées les unes aux autres, dont chacune , prise à part , ne signifie rien, mais modifie le sens de la racine principale. C'est ainsi qu'en ottoman on dira en un seul mot : « ils sont incapables, quoi qu'on fasse, d'éprouver de l'affection l'un pour l'autre ; » et ce mot n'est pas autrement long ni difficile à prononcer. C'est tout simplement *sevischdirilemezler.* M. Jourdain n'avait pas tort : c'est une langue admirable que ce turc. »

Le conférencier a ensuite énuméré les principales divisions de la famille ouralo-altaïque, le finnois et le lapon ; les langues de la Russie orientale ; les dialectes turcs du Turkestan, souvent plus purs que l'ottoman, parce qu'ils sont moins mélangés d'éléments persans ou arabes ; le mongol qui, par deux fois, au moyen âge, menaça d'envahir l'Europe ; enfin les dialectes samoyèdes et tongouses de la Sibérie, ce qui l'a amené au mandchou, parlé dans la partie Nord-Est de l'empire chinois.

« A l'occident, en Europe, nous avons trouvé deux langues littéraires et cultivées, le magyar et l'ottoman ; à l'extrême orient du domaine ouralo-altaïque, nous en rencontrons une encore , d'un caractère tout particulier, le mandchou. Il n'est pas douteux que la culture chinoise ne l'ait profondément influencé ; pourtant, tout pénétré qu'il est de cette influence, il garde son cachet propre, qui est un des plus bizarres qu'on puisse imaginer. Vous savez tous ce que c'est que l'onomatopée, et vous savez aussi combien en général ce procédé semble puéril aux hommes de goût, avec quelle sobriété il en faut user si l'on veut qu'il produise son effet. Eh bien, ce procédé, c'est l'essence de la beauté littéraire pour les Mandchoux ; la palme est à l'écrivain qui aura semé son œuvre des onomatopées les plus nouvelles et les plus ingénieuses ; il en est même de si ingénieuses que nous perdrions notre temps à tâcher de les comprendre. Chaque objet devient en quelque sorte un être animé qui a son cri particulier, et ce cri, c'est le bruit que fait cet objet personnifié et qu'on place, pour ainsi dire, dans sa bouche : le sabre qu'on tire du fourreau dit *choufar* ; la mer qui monte dit *khô* : la vague qui se retire dit *khôway*; quand elle assaille avec impétuosité la falaise, elle s'écrie *khôwanggar khôwallar*; quand elle tourbillonne sur elle-même, elle mugit *yonggor khonggor*. Passe encore pour ces imitations; mais qui nous donnera de suivre l'écrivain mandchou, quand il prétend nous initier au bruit de l'herbe qui pousse? Évidemment il y a dans ces reproductions des voix de la nature tout un ordre de beautés littéraires, peut-être très saisissantes, mais que nous sommes impuissants à sentir: tant il est vrai qu'il entre toujours une large part de convention dans nos sensations esthétiques même les mieux définies.

» Du mandchou nous passons par une facile transition de voisinage au chinois, que parle, entre les ruines de la Grande Muraille et l'Océan, du golfe de Petchili à celui de Tonkin, une population serrée de 400 millions d'hommes. Mais nous quittons ainsi la famille ouralo-altaïque, et nous entrons dans le domaine de ces langues monosyllabiques, que, faute d'avoir pu les classer méthodiquement, force est jusqu'à présent de dénommer simplement, d'après leur aire géographique, langues de l'extrême Orient. Toutes sont plus ou moins cultivées, et servent d'instruments à des littératures très anciennes et très riches, quoique bien différentes de la nôtre. Le chinois en particulier possède une écriture qui date au moins de 40 siècles et qui depuis cette époque lointaine s'est à peine modifiée. Chacun sait en quoi consiste cette écriture, pareille à celle des anciens monuments égyptiens: chaque mot, ou plutôt chaque objet y est représenté par un signe spécial, dont le type original est un grossier dessin plus ou moins altéré par le temps ou les exigences de la transcription cursive. Si altérés pourtant que soient les caractères, il n'est pas impossible d'y démêler parfois les principaux traits du dessin primitif: c'est ainsi que dans le caractère *cheval*, qui se lit *mà*, on distingue encore très bien les quatre pieds et la queue. On comprend, sans qu'il soit besoin de les développer, les inconvénients de ce genre d'écriture, qui exige un prodigieux effort de mémoire et un travail de vingt années, uniquement pour arriver à ce mince résultat, que nos enfants atteignent en trois mois, savoir lire. Il ne faut pas moins de 50,000 caractères, compliqués à l'infini, pour peindre à l'œil les idées que le Chinois est capable de concevoir: il en résulte que ceux-là seuls savent lire qui ont pâli sur les bancs de l'école. Combien de temps et de mémoire leur reste-t-il ensuite pour toutes les autres notions utiles? Le lecteur le plus lettré rencontre presque à chaque page quelque signe qu'il ne peut traduire qu'avec le secours de son dictionnaire: en eût-il retenu

20,000, ce qui suppose déjà une pénible étude, il est loin de connaître tout ce que la lecture amènera sous ses yeux. Mais ces critiques que nous adressons à l'écriture chinoise, les Chinois ne les comprennent pas : leur écriture leur semble bien supérieure à celle des occidentaux, en ce qu'elle exprime des idées, tandis que la nôtre, grossière et matérialiste, ne sait rendre que des sons.

« La langue chinoise n'est pas moins bizarre, jugée à notre point de vue. Je ne m'étendrai pas sur les particularités qu'elle présente et qui, à elles seules, fourniraient matière à toute une conférence. Quelques-unes sont tout à fait caractéristiques : l'une des plus remarquables est l'extrême politesse des formules. Les langues très vieilles sont généralement cérémonieuses ; mais il n'en est pas une qui, sur ce point, ne le cède au chinois. Il n'est sorte de formules d'éloges envers un interlocuteur, de formules de plate humilité, pour se désigner soi-même, dont on ne doive incessamment user, soit en parlant, soit en écrivant. En voici un exemple frappant : le commentateur qui ajoute une scolie, une note en marge d'un ouvrage, est tenu de se désigner soi-même par le caractère *iù*, qui signifie *stupide* ; « *l'imbécile pense, l'imbécile fait observer* », ce sont les termes courants pour exprimer sa propre opinion. Si réservés que nous puissions être, notre modestie ne va pas jusque-là : on ne se dit pas ces choses-là à soi-même, quoi qu'en pense Brid'oison.

« Un autre trait, que la langue chinoise possède en commun avec ses plus proches voisines, c'est la multiplicité et la variété des accents. Pour comprendre ce point, il faut savoir que le vocabulaire de cette langue ne se compose que de monosyllabes, dont la juxtaposition, suivant les lois d'une syntaxe rigoureuse, tient lieu de tout accord grammatical. Mais le nombre des monosyllabes, c'est-à-dire des sons à consonne initiale et voyelle finale (car c'est la règle immuable du phonétisme chinois), que peut proférer le gosier humain, est fort limité ; et il se réduit à quatre cents en chinois, parce que plusieurs consonnes, entre autres l'*r*, y font défaut. Quatre cents mots pour tout bagage lexique, c'est bien peu : de là la nécessité de les multiplier, en prononçant chacun d'eux sur plusieurs intonations différentes, dont chacune correspond à un sens spécial. Le sens dépend donc moins de la syllabe elle-même que du ton dont elle est revêtue : mal accentuer est un défaut pire que de mal articuler, car une syllabe faussement accentuée signifie tout autre chose que ce qu'on veut lui faire dire. En chinois on distingue quatre tons principaux, mais c'est là une classification purement théorique, il y en a bien davantage : le grave et l'aigu, d'abord, cela va sans dire ; puis le grave-aigu, qui consistera à prendre la syllabe sur un ton bas et à la prolonger en montant, par exemple, d'une quinte ; et l'aigu-grave, qui exigera une modulation inverse ; et le *staccato*, qui arrête net le son à peine éclos : et le *sostenuto*, qui le continue en le laissant mourir ou le renforçant. Que sais-je encore ? Mille nuances qu'on ne peut saisir qu'au moyen d'une ouïe très délicate, encore affinée par l'habitude. C'est pour cela que les Européens arrivent si rarement à comprendre le chinois et à se faire entendre d'eux : il leur manque cette éducation, en quelque sorte musicale, qui fait ressembler la langue à une longue mélopée sans rhythme, psalmodiée avec une justesse infinie jusqu'à tenir compte d'intervalles d'un quart de ton ; il leur manque cette gymnastique à laquelle se livrent de bonne heure les enfants chinois, qui dans les écoles, à la grande stupéfaction des visiteurs étrangers, passent des heures à chanter le même monosyllabe sur tous les tons dont il est susceptible, sous la surveillance d'un maître attentif comme un chef d'orchestre au moindre écart de chaque exécutant.

« Ces caractères du monosyllabisme se retrouvent dans tous les idiomes de l'extrême Orient : le tibétain, la langue sacrée du bouddhisme, peu connu, comme le pays inaccessible où il se cache ; le tonkinois, qu'il nous importerait d'étudier, puisque l'avenir de notre colonie cochinchinoise est dans son extension le long du fleuve du Tonkin ; l'annamite, langue de nos sujets de l'embouchure du Cambodge ; enfin le cambodgien, le laotien, le birman et le siamois. C'est même dans les idiomes de l'Indo-Chine que ces variations de l'accent se multiplient et se compliquent le plus. Un Français qui écoute parler deux Annamites ne saisit que de petits grognements indistincts : à peine peut-il imaginer qu'ils se comprennent entre eux. C'est en annamite que le simple monosyllabe *ba*, accentué de diverses façons, signifie tour à tour : « favori du prince, dame, trois, soufflet, jus de fruit ». etc., en sorte qu'en prononçant sur quatre tons différents, que naturellement je ne me chargerai pas de reproduire, les membres de cette simple phrase *ba ba ba ba*, on fait entendre que « trois dames ont donné un soufflet au favori du prince ». Ce n'est pas moi qui affirme le fait, mais j'en ai pour garant M. Max Müller.

« Nous sommes arrivés à l'extrémité sud-orientale de l'Asie, à la péninsule de Malacca : avec elle commence un nouveau monde linguistique. La langue malaise, langue rude et sonore, parlée par une population très nombreuse dans cette péninsule , dans les grandes îles de Sumatra , Java et Bornéo , dans les groupes de la Sonde , de Célèbes , des Moluques, des Philippines , est d'une extrême importance surtout pour le commerce des Pays-Bas. Les Hollandais règnent en souverains sur ces magnifiques contrées , et les exploitent en fermiers d'une habileté consommée. Le malais se transcrit en caractères arabes : car le prosélytisme musulman a poussé jusque-là ses conquêtes , et même il n'est point de sectateurs de l'islam plus fervents , plus fanatiques que les Malais. Leur souche ethnique a projeté , bien avant cette conversion , deux grands rameaux , l'un vers le nord , l'autre vers le sud-est. Le premier toutefois n'est que conjectural ; c'est le japonais qu'on rattache parfois au malais, faute de lui trouver un congénère , mais qui, en réalité, demeure linguistiquement isolé jusqu'à présent. Le japonais est très voisin du chinois, auquel il doit beaucoup, notamment une partie de son lexique . et son écriture incommode, qu'il a transformée en un système syllabique d'environ 150 signes. Néanmoins il est difficile de citer deux langues qui diffèrent davantage , soit par leur structure grammaticale, soit même par leurs caractères extérieurs. Nous sommes loin , avec le japonais , de ces monosyllabes chantés sur un ton nasillard qui distinguent le chinois : ce sont des mots bien faits, où les voyelles et les consonnes s'entrelacent dans un heureux équilibre . des lois euphoniques d'une rare délicatesse , des finales vocaliques à demi éteintes dans la prononciation qui caressent l'oreille et justifient le surnom d'*italien de l'Orient*, langue de poètes et d'artistes. langue aimable et sympathique, comme le peuple qui la parle.

« Le polynésien est la branche méridionale et orientale du malais. Il s'étend sur un vaste espace : car son domaine comprend presque toutes les îles disséminées dans la partie méridionale du Grand Océan, jusqu'à la Nouvelle-Zélande au sud et l'archipel Sandwich à l'est. C'est une langue très douce , mélodieuse et fluide , caractérisée par le petit nombre des consonnes et l'abondance extrême des voyelles Vous avez sans doute présentes à la mémoire quelques-unes de ses applications géographiques , et vous entendez sonner à votre oreille ces articulations indécises , toutes en voyelles, qui ressemblent aux premiers bégaiements des enfants . *Papé-iti, Hiva-oa, Haouaï*. Tel dialecte de la Polynésie n'a pas plus de dix consonnes : celles qui exigent quelque effort, notamment l'*r*, que nos enfants aussi ont tout d'abord peine à prononcer, en sont absolument exclues. Enfants par la langue, les Polynésiens le sont aussi par le caractère : doux et sans défiance, ils ont accueilli à bras ouverts l'immigration européenne, devant laquelle leur race trop faible s'éteint lentement.

« En attendant qu'il disparaisse, leur idiome subit dans son vocabulaire certaines modifications, dues à un usage trop étrange pour que je puisse le passer sous silence. Leurs noms propres ne sont que des noms communs employés au propre ; il n'y a rien là que de très ordinaire. Mais à Taïti il est interdit, tant que règne un souverain, de prononcer, de faire entrer dans le langage usuel, comme nom commun, le mot ou même une partie du mot qui sert de nom propre à ce souverain; le sujet doit s'abstenir d'employer, autrement que pour la désignation du roi, les syllabes devenues en quelque sorte sacrées et exclues de l'usage vulgaire. Ainsi quand la reine Pomaré monta sur le toône, le mot *po*, qui signifie *nuit*, dut disparaître de la langue, et fut remplacé par le mot *mi*; quand la reine Aïmata succéda à Pomaré, le verbe *aï* (manger) fut proscrit de la conversation, et l'on adopta le verbe *amu* en son lieu et place. Ce que deviendra cette coutume, maintenant que les Taïtiens sont en république avec nous, je l'ignore, mais elle m'a paru d'autant plus précieuse à recueillir, qu'elle semble aujourd'hui plus compromise.

« Si bizarre que nous le jugions, cet usage n'est point isolé. On en rencontre d'analogues sur différents points. Je crois même en avoir signalé un du même genre dans une famille jusqu'à présent peu connue, les Aléoutes, peuple pêcheur qui habite, au nord-ouest du continent américain, la péninsule d'Aliaska et les îles qui la prolongent. Chez les Aléoutes les noms propres les plus répandus étaient naguère des noms de poissons : on s'y appelait couramment *morue*, *hareng* ou *baleine*. Depuis lors, les missionnaires russes les ont convertis : ils ont embrassé l'orthodoxie grecque et adopté les noms du calendrier byzantin. Or qu'est-il arrivé? c'est qu'en même temps qu'ils se faisaient baptiser, ils ont débaptisé les poissons, leurs homonymes, et leur ont imposé des noms nouveaux. La raison en est, dit l'auteur russe auquel j'emprunte ce détail, qu'en prononçant l'ancien nom du *hareng* devant le naturel qui autrefois portait ce nom ils craindraient d'éveiller en lui de pénibles souvenirs, de lui rappeler le temps où il gémissait dans les ténèbres de l'erreur et de l'ignorance païennes. Voilà certes un sentiment d'une exquise délicatesse chez de pauvres sauvages.

« Avec les Aléoutes nous avons abordé l'Amérique. Mais les langues de ce vaste continent, très importantes pour le théoricien, qui parfois ne possède aucun autre document sur des races presque éteintes, sont

entièrement dépourvues d'intérêt au point de vue pratique, parce que
la concurrence des idiomes européens, appuyée sur le progrès inces-
sant de la conquête et de la colonisation, les a partout éliminées. A
l'extrème Nord, on parle danois ; français, vers les embouchures du
Saint-Laurent, dans cette belle contrée du Canada, restée française en
dépit des revers et de l'annexion, où l'on retrouve, non pas cristallisée
et raidie comme dans les écrits de Racine ou de Bossuet, mais vivante
et pleine de sève la noble langue du XVIIe siècle ; anglais dans le bassin des Grands Lacs et dans le vaste territoire des États-Unis ; espagnol dans tout le reste de l'Amérique du Nord et dans celle du Sud.
sauf quelques territoires insignifiants, et le triangle brésilien, qui appartient au portugais. Voilà donc la dernière étape de ces langues
indo-européennes dont nous avons vu l'humble berceau au plateau de
Pàmir. Après avoir envahi toute l'Europe, trouvant leur domaine encore
trop étroit, elles se sont répandues sur l'Amérique tout entière, de telle
sorte qu'on peut, à la grande rigueur. traverser d'un bout à l'autre un
continent dont l'étendue égale quatre fois celle de l'Europe, et se faire
partout comprendre sans connaître que deux langues, l'anglais et l'espagnol. Les pâtres âryas ont, vous le voyez, conquis la moitié du
globe.

« Devant cette formidable invasion, que pouvaient devenir les idiomes indigènes ? Ceux des Américains qui sont entrés dans le courant
de la civilisation européenne et ont contracté avec les conquérants des
unions d'où sont issues les races métisses, ont nécessairement adopté
leur langue en même temps que leur religion et leurs usages; les autres,
décimés par la guerre, la famine, les fléaux endémiques, achèvent
tristement de mourir. Ainsi périssent peu à peu les dialectes gutturaux
et durs des Esquimaux du Groënland et des Terres Arctiques, les
langues compliquées des Peaux-Rouges des prairies et des Rocheuses.
dont les admirables romans de Fenimore Cooper ont popularisé les
tournures pittoresques, celles du plateau mexicain, cette Babel améri-
caine, où s'entrechoquèrent vingt races différentes, où prit naissance
une civilisation monstrueuse entée sur un culte de sacrifices humains
L'Amérique du Sud est moins maltraitée : il y subsiste du moins un
débris du passé, le quichua, langue des anciens Péruviens, qui, chassé
des villes, a réussi à se maintenir dans les campagnes reculées de
l'Équateur, du Pérou et de la Bolivie. Quand les premiers conquérants
espagnols arrivèrent au Pérou, ils y trouvèrent, on le sait, une civilisation assez avancée, un peuple doux et timide, qui adorait le soleil, le

dispensateur de tous les biens sous la zone torride, et ne pratiquait dans son culte ni rites sanglants, ni cérémonies choquantes. On sait aussi de quel salaire ils payèrent le bon accueil de ces inoffensifs indigènes, quels flots de sang coulèrent dans ce paisible royaume, qui pour son malheur possédait en abondance l'or et l'argent, dont il ne savait que faire et dont les aventuriers espagnols lui apprirent l'usage en l'en dépouillant. Le culte du Soleil n'a pas survécu aux persécutions, mais la langue quichua demeure, suprême protestation des vaincus. C'est une langue expressive et colorée, riche en consonnes, et surtout en gutturales, dans laquelle ont été composées diverses œuvres littéraires, et notamment des chants populaires, qu'accompagne une mélodie lente et mélancolique jouée sur une petite flûte d'une rare simplicité. Particularité remarquable dans un idiome arrivé à un haut degré de développement, il n'a jamais été écrit ; les anciens Péruviens n'ont jamais connu l'écriture. Ils y suppléaient en partie au moyen de cordelettes de diverses couleurs, tressées et nouées de diverses façons : l'agencement des couleurs et des entrelacs, la forme, le nombre et la disposition des nœuds, formaient un système mnémotechnique, dont les prêtres avaient seuls le secret et dont ils se servaient pour conserver les annales du pays. On retrouve encore aujourd'hui beaucoup de ces *kippus* (c'est leur nom quichua), surtout dans les vieilles sépultures ; mais ils tombent en poussière au moindre contact. D'ailleurs le secret en est pour jamais perdu : si quelques descendants de la caste sacerdotale le possèdent encore par tradition orale, on l'ignore ; en tout cas ils le gardent avec un soin pieux et jaloux, et jamais ne le révèleront aux fils des oppresseurs. »

L'Amérique étant parcourue, le conférencier, pour achever le tour du globe, a passé à l'Afrique noire, séparée de l'Afrique blanche par le Sahara, qui constitue encore aujourd'hui une ligne de démarcation ethnique et linguistique parfaitement tranchée. Au nord, les idiomes sémitiques et khamitiques ; au sud, les idiomes africains proprement dits, qu'on peut répartir en quatre groupes : la langue peule, parlée au Sénégal, isolée jusqu'à présent, étudiée dans les flexions compliquées de sa grammaire par le général Faidherbe ; les idiomes des nègres du Soudan ; le groupe bantou, qui comprend la très grande majorité des langues du centre de l'Afrique, depuis la Guinée et le sud de l'Abyssinie jusqu'à la colonie du Cap ; enfin, la famille hottentote, confinée dans le voisinage de cette colonie, vers le désert de Kalahari, et remarquable par ces articulations bizarres, ses quatre consonnes claquantes, qu'on ne rencontre dans aucune autre langue.

« Je finis, Messieurs, je n'abuserai pas davantage de votre patience. Nous avons, vous le voyez, visité toutes les parties du monde, en assignant à chacune d'elles les idiomes qui y sont les plus communs. Sans doute, dans cette rapide revue, nous avons dû négliger quelques contrées ou peu étendues, ou peu peuplées (¹). Il n'en reste pas moins que nous avons énuméré et essayé de caractériser les familles de langues les plus importantes, depuis cette famille indo-européenne, qui marche à la tête de la civilisation, jusqu'à la race hottentote, qui occupe les derniers degrés de l'échelle humaine. Je ne me séparerai pas de vous sans donner un souvenir au savant qui nous a servi de guide dans ce long voyage. Dans ce souvenir vous puiserez peut-être une conviction et un espoir qui me sont chers : les voici : la région du Nord, bien que la linguistique y semble délaissée, a déjà payé son tribut à cette belle science ; elle en pourra dans la suite encourager encore plus efficacement les progrès. Je vous citais tout à l'heure notre concitoyen, M. le général Faidherbe, qui n'a pas dédaigné d'employer à de sérieuses et profondes études de grammaire les rares loisirs de sa carrière si noblement remplie. C'est un autre savant d'origine lilloise, M. Abel Hovelacque, qui, dans un petit volume plus précieux que bien des in-folio, a présenté un lumineux et complet résumé des connaissances acquises en linguistique jusqu'à ce jour, et préparé ainsi un terrain solide à toutes les recherches futures

« Puisse ce double hommage ne point paraître trop déplacé à la fin d'une modeste causerie ! Puisse-t-il exciter le zèle et l'émulation de tous ceux qui auraient le goût de semblables études et le loisir de s'y

---

(1) On a imprimé cette conférence à peu près telle qu'elle a été faite ; on n'a donc pas cru devoir combler les lacunes volontaires, imposées par la nécessité de se borner. On signale ici les plus regrettables d'entre elles : en Europe, le basque (Pyrénées françaises et espagnoles) et le groupe lithuanien (Russie Occidentale), ce dernier faisant partie de la famille indo-européenne ; en Asie, les langues dravidiennes (plateau du Dékhan) ; en Océanie, celles des Harafouras et des Nègres de l'Australie ; en Amérique, le nahuatl (Mexique) et le tupi (Brésil) ; en Afrique, le malgache (dialecte malais).

livrer ! C'est le vœu que je forme en terminant et en vous remerciant de votre bienveillante attention (¹).

---

(1) Les principales autorités auxquelles sont empruntés les faits cités dans cette conférence, sont : A. Hovelacque, *la Linguistique* ; M. Müller, *Science of Langage* ; A. Pictet, *Origines Indo-Européennes* ; Renan, *Histoire des Langues Sémitiques* ; Redhouse, *Grammaire Ottomane* ; Whitney, *La Vie du Langage* ; L. Adam, *Grammaire Mandchou* ; A. Rémusat, *Grammaire Chinoise* ; St. Julien, *Syntaxe Chinoise* ; Pallegoix, *Dictionarium Linguae Thaï* ; Véniaminov, *Grammatika Aléutskago Jazyka* ; Tschudi, *die Kechua Sprache* ; F. Julien, *Voyage au pays de Babel*, etc.